Anonymus

Hilf und trostreiche Erzbruderschaft vom guten Tode

Anonymus

Hilf und trostreiche Erzbruderschaft vom guten Tode

ISBN/EAN: 9783743335691

Hergestellt in Europa, USA, Kanada, Australien, Japan

Cover: Foto ©Lupo / pixelio.de

Manufactured and distributed by brebook publishing software (www.brebook.com)

Anonymus

Hilf und trostreiche Erzbruderschaft vom guten Tode

Hilf- und trostreiche

Erzbruderschaft

vom guten Tode.

Unter
den Titel und Schutze des am heiligen
Kreuze sterbenden Erlösers

Jesu Christi

aufgerichtet
für beiderlei Geschlechter
in
der heil. Kreuz-Kirche der ehemal. Gesellschaft Jesu zu Landsberg in Oberbayern
im Jahre 1735.
Mit Genehmigung der Obern.
Neue Auflage.

Landsberg, 1886.
Druck der Xaver Kraus'schen Buchdruckerei.

Et hora nona exclamavit Jesus voce magna, dicens: Deus meus! Deus meus! ut quid dereliquisti me? Marc. 15.

Und um die neunte Stunde rief Jesus mit lauter Stimme und sprach: Mein Gott! Mein Gott! Warum hast du mich verlassen?

§ 1.
Entstehung der Erzbruderschaft vom guten Tod.

Jedem Christen muß an einem guten Tode Alles gelegen sein, weil davon eine glückselige Ewigkeit abhängt; ist seine letzte Stunde eine unglückselige, dann ist er für immer und ewig verdammt. Von dieser ernsten Wahrheit war besonders P. Vinzenz Caraffa, siebenter General des Jesuitenordens, ein heiligmäßiger Mann, so lebendig durchdrungen, daß er unablässig nach Mitteln und Wegen spürte, um allen Christgläubigen eine glückselige Sterbestunde zu verschaffen. Endlich glaubte er ein solch wirksames Mittel gefunden zu haben: in der Errichtung einer Erzbruderschaft vom guten Tode unter dem Schutze des am Kreuze sterbenden Erlösers. — Er legte dieses sein Vorhaben dem päpstlichen Stuhle vor, welches die Päpste: Innozenz X., Alexander VII., Clemens X., Innozenz XII., freudigst bestätigten, und Benedikt XIII., durch eine besondere Bulle diese Bruderschaft zu einer Haupt- oder Erzbruderschaft in der Kirche Soc. Jes. zu Rom erhob und zwar in der Weise, daß, wo immer solch eine Bruderschaft errichtet, sie aller Gnaden und Ablässe der Römischen theilhaftig sein sollte. — Und so entstand auch zu Landsberg in der heil. Kreuzkirche diese Bruderschaft, um damit ihrer Einwohnerschaft sowie der ganzen Umgebung ein recht wirksames Mittel zur Erlangung einer glückseligen Sterbestunde zu gewähren.

§ 2.

Zweck dieser Bruderschaft.

1) Um dem gekreuzigten Heilande unsere schuldigste Ehrfurcht und Dankbarkeit zu bezeigen und durch seine unendlichen Verdienste, sowie durch unsere und der ganzen Bruderschaft guten Werke die endliche Gnade eines seligen Todes zu erlangen.

2) Uns hiezu wenigstens alle Monate einmal recht aufrichtig vorzubereiten, um den Gefahren des Heiles, welche durch eine schmerzliche Krankheit, durch Beraubung der Geistesgegenwart oder gar durch einen plötzlichen Tod entstehen könnten, zuvorzukommen.

3) Uns durch öftere Erinnerung an den Tod ermuntern zu lassen: das Gewissen durch eine reuige und vollständige Beicht zu reinigen,

mit seinen Feinden sich zu versöhnen, fremdes Gut rückzuerstatten ꝛc. auch sein Zeitliches durch ein giltiges Testament in Ordnung zu bringen, um beim herannahenden Tode ruhig und ergeben sterben zu können. —

§ 3.

Nutzen dieser Bruderschaft.

Dieser besteht in Gewinnung vieler und verschiedener Ablässe und zwar: vollkommener nach der Bulle Benedikts XIII. vom 23. Sept. 1729.

1) An dem Tage der Aufnahme nach würdigem Empfang der heil. Sakramente; ebenso

2) In der Todesstunde; oder, wenn er die hl. Sakramente nicht mehr sollte empfangen können; wenn er reumüthig den Namen Jesus ausspricht oder im Herzen

denkt oder sonst ein reumüthiges Zeichen von sich gibt.

3) Wer an einem Feiertage im Monat oder Sonntag, wo das Convent gehalten wird, beichtet und in der hiesigen Pfarrkirche kommunizirt und für die ganze Christenheit eifrig betet.

4) An den Festtagen: der Geburt Christi, hl. 3 Könige, Ostern, Himmelfahrt Christi, Pfingsten, hl. Dreifaltigkeit, Fronleichnam, unbefleckten Empfängniß Maria, Geburt, Verkündigung, Lichtmeß, Aufnahme des hl. Johann Baptist, Joseph, Peter und Paul, Andreas, Jakobus, Johannes, Thomas, Philippus und Jakobus, Bartholomäus, Simon und Thaddäus, Mathias — aller Heiligen Gottes.

Ablaß von sieben Jahren und sieben Quadragenen gewinnt jedes Mitglied, das der

Congregationsandacht oder Convent beiwohnt.

Ablaß auf ein Jahr

gewinnt man, wenn man einen Verstorbenen zu Grabe geleitet; oder wer die Kranken in ihren Häusern oder Spitälern besucht; oder wer auf das Glockenzeichen für die Seele des Abgeschiedenen ein Vaterunser und Ave Maria mit gebogenen Knien betet; oder wer den Convent, Messen, Aemtern, Predigten ꝛc. beiwohnt; oder wer vor dem Schlafengehen das Gewissen erforscht ꝛc.

Den Stations-Ablaß

gewinnen alle Mitglieder, wenn sie die Kirche der Gesellschaft Jesu, oder wo keine solche ist, ihre Kirche oder Kapelle besuchen und da sieben Vaterunser und sieben Ave Maria beten.

Der Besuch kann nach Dekret vom 7. März 1678 gemacht werden:

1) an einem beliebigen Tage der 40 tägigen Fasten;

2) an allen Festtagen des Herrn;

3) an allen Sonntagen des Advents;

4) an allen Sonntagen der Fasten;

5) alle Mittwoche, Freitage und Samstage der 4 Quatember;

6) am Vorabende der Geburt Christi;

7) am Vorabende der Himmelfahrt Christi;

8) am Feste des hl. Stephanus, des hl. Johannes Evang., der hl. unschuldigen Kinder, des heiligen Markus;

9) am Montage, Dienstag und Mittwoche der Bittwoche.

Alle diese Ablässe kann man für sich selbst gewinnen, oder auch fürbittweise für die armen Seelen im Fegfeuer.

Zur Gewinnung aller dieser Abläſſe iſt bei den Einen ausdrücklich der würdige Empfang der hl. Sakramente; bei den Andern die Ausübung eines leiblichen oder geiſtigen Werkes der Barmherzigkeit und ein beſtimmtes Gebet für Einigkeit chriſtlicher Fürſten, Austilgung aller Ketzereien, Wachsthum der katholiſchen Kirche und Erhaltung ihres ſichtbaren Oberhauptes; oder bei wieder Andern nur das gewöhnliche Ablaßgebet erforderlich. — Groß und vielfach ſind die Gnadenſchätze, welche dieſe Bruderſchaft ihren Mitgliedern zur Erlangung eines guten Todes an die Hand gibt. Mögen ſie von ihnen auch recht fleißig und gewiſſenhaft benützt werden! —

§ 4.
Andachtsübungen dieſer Bruderſchaft.

1. Das Haupt- oder Titularfeſt

wird am Passions-Sonntag oder dem Gedächtnißtage des Leidens und Sterbens Jesu begangen und zwar:

1) mit Aussetzung des Allerheiligsten zur 10stündigen Anbetung von früh 5 Uhr bis Nachmittags 3 Uhr;

2) mit Abhaltung eines feierlichen Hochamtes gewöhnlich um 10 Uhr und wenn möglich auch mit einer hl. Messe um 5 Uhr;

3) mit dem nachmittägigen gewöhnlichen Convent und Exhortation.

II. Neben diesem Hauptfeste wurden früher auch noch gefeiert:

das Fest der sieben Schmerzen Maria und des hl. Josephs; des hl. Johann Baptist und der hl. Magdalena; der hl. Schutzengel und des hl. Michaels; des hl. Frz. Xaverius und des hl. Apost. und Evang. Johannes;

weil diese dem Sterbenden besonders beistehen nach Meinung der heil. Kirche;

III. Außer diesen Festen hält diese Bruderschaft in der Regel an jedem dritten Sonntage des Monats Nachmittags 2 Uhr in der hl. Kreuzkirche ein Convent, und alle Freitage wird um 7¼ Uhr auf dem Choraltar bei ausgesetztem Ciborium und unter Abbetung des schmerzhaften Rosenkranzes — dem als sechster Absatz noch beigefügt wird: „o Jesus, der du für uns am hl. Kreuz gestorben bist!" — und der Litanei für die gesunden, sterbenden und verstorbenen Mitglieder die hl. Messe gelesen.

IV. Wird gewöhnlich schon am Montage nach abgehaltenem Convent — also alle Monate auch eine hl. Messe für die bis auf künftiges Convent Verscheidenden zur Erlangung einer glückseligen Sterbestunde gelesen.

V. Wird in der Allerseelenoktav am Freitag für alle Abgestorbene aus dieser Bruderschaft ein Choralrequiem um 7 Uhr gehalten.

Das Convent wird unter Aussetzung des Allerheiligsten mit vor und nach gegebenem heil. Segen gehalten. —

§ 5.

Regeln dieser Versammlung.

1) Wer Mitglied dieser Bruderschaft werden will, soll zuvor die heil. Sakramente empfangen, sich dann beim Vorstand oder Sakristan melden, der seinen Namen eintragen und ihm den Bruderschafts-Zettel übergeben, der 20 ₰ kostet, mit einem Büchlein zu 30 ₰, also Einschreiben und Büchlein zusammen 50 ₰.

2) Außer diesem Betrag zu 20 ₰ oder 50 ₰ darf das Mitglied sein

ganzes Leben hindurch nichts mehr bezahlen.

3) Sollen die Mitglieder den Conventen und übrigen Gottesdiensten fleißig beiwohnen, um sich der verliehenen Abläße theilhaftig zu machen.

4) Sollen die Verstorbenen angegeben werden, damit man sie verkünden und nach dem Convent das Vaterunser ꝛc. beten kann.

5) Sollen die Einverleibten Sorge tragen, daß sie frühzeitig die heil. Sterbsakramente in ihrer Krankheit empfangen und auch Nichtsodalen darauf aufmerksam machen.

6) Sollen sie sich eines christlichen Lebenswandels befleißigen, so daß sie mit Paulus sagen können: Mir ist die Welt gekreuzigt und ich der Welt; darum sie in ihrer Wohnung immer ein Bildniß des Gekreuzigten vor sich haben sollen. —

§ 6.
Gebet bei der Aufnahme,
das aber jetzt nur mehr am Titularfeste vom Priester mit brennender Kerze von der Kanzel herab laut vorgebetet wird.

O allergütigster Heiland und Seligmacher, gekreuzigter Herr und Gott — Jesus Christus! — Mit großem Vertrauen zu deinem bittern Leiden und Sterben, wie auch mit kindlicher Zuversicht zu deiner schmerzhaften für uns am Stamme des heil. Kreuzes ausgestandenen Todesangst, opfere ich mich auf zum ewigen Denk- und Dankopfer meiner Erlösung. Ich bitte auch demüthigst, du wollest in Vereinigung deiner kostbaren Verdienste mich in das seligmachende Buch deiner hl. fünf Wunden einschreiben und mir sammt allen, dieser Bruderschaft einverleibten, Mitgliedern die Gnade: christlich und gottselig zu sterben, allergnädigst verleihen. Amen.

Ordnung
bei Abhaltung der monatlichen Convente.

Nachmittags 2 Uhr beginnt das Convent, indem der Priester zum Altar tritt und mit dem hochwürdigen Gute den heiligen Segen gibt, wobei nachfolgendes Lied gesungen wird:

Heilig, heilig, heilig!
Heilig, allzeit heilig!
Jesus, heilig ohne End'
In dem heil'gen Sakrament!

Nach gegebenem hl. Segen betet der Priester um die Gnade des hl. Geistes laut dieses Gebet:

O Herr, öffne unsern Mund, zu loben deinen hl. Namen, reinige unsere Herzen von allen eitlen, unnützen und zerstreuenden Gedanken; erleuchte unsern Verstand, entzünde unsern Willen, auf daß wir unsre vorhabende Andacht mit wahrer Demuth, mit fleißiger Aufmerksamkeit, mit inbrünstiger Liebe so verrichten, daß sie vor deinem hl. Angesicht würdig erscheine und wir von deiner unendlichen Güte verdienen erhört zu werden. Durch Christum unsern Herrrn.

R. Amen.

V. Komm, hl. Geist, erfülle die Herzen deiner Gläubigen;

R. Und entzünde in ihnen das Feuer deiner Liebe.

Gebet.

Wir bitten Dich, o Herr! Du wollest unseren Handlungen durch Deine anregende Gnade zuvorkommen und dieselben mit Deinem Beistande begleiten, damit all' unser Reden und Thun von dir allzeit beginne und in Dir das Angefangene beendigt werde. Durch Jesus Christus unsern Herrn. Amen.

Predigtlied.

Komm', heil'ger Geist, auf uns herab!
Du bist die schönste Himmelsgab'
Und aller guten Gaben Quelle;
Du machst die Geister rein und helle.

Predigt.

Nach der Predigt betet der Priester, um wahre Reue zu erwecken.

O gekreuzigter Herr Jesus! ich bete dich an in diesem hl. Sacrament als wahren Gott und Mensch, mit dem Vater und hl. Geist. Ich glaube an dich, einen Gott in der Natur, dreifach in den Personen ich werfe mich nieder vor deiner göttlichen Majestät in den Abgrund meiner Nichtigkeit, und durch den Glauben erkenne und verehre ich dich als meinen Gott, meinen höchsten Herrn und Gutthäter, ein Anfang und Ende aller Dinge, und mein höchstes Gut, auf den ich allein all' meine Hoffnung setze, den ich auch über alles schätze und liebe; eben darum ist mir leid vom Grunde meines Herzens, daß ich dich durch meine großen und vielfältigen Sünden beleidigt habe. Ich erkenne es mit meiner Beschämung, und bereue meine große Bosheit, durch welche ich deine heiligste und strenge Gerechtigkeit beleidigt, dadurch mich des Himmels und aller Gnaden nicht nur unwürdig gemacht, sondern auch zeitliche und ewige Strafen verdient und zu befürchten habe. Ich bekenne auch und bereue meine größte Undankbarkeit gegen deine barmherzige Güte, die mich so liebreich erschaffen, erlöset, erhalten, mit so viel Wohlthaten begnadigt hat. Jedoch ist mir vor allem leid, daß ich dich, einen so großen Gott, allmächtigen Herrn, und unendliches über alle Dinge lieb- und ehrenwerthes Gut beleidigt habe. — O barmherzigster Gott! erbarme dich meiner, eines armen Sünders, verzeihe mir meine Sünden, welche ich von Herzen widerrufe, und über alles Uebel verfluche, weil ich dich, mein höchstes Gut, über alles schätze, verehre und liebe. Ich nehme mir auch kräftiglich vor, mich zu bessern, vollkommen durch deine Gnade mich zu bekehren und genug zu thun. Ich hoffe deßhalb von deiner grundlosen Barmherzigkeit, durch die unendlichen Verdienste meines Erlösers, welche ich dir mit allen meinen Werken zur Genugthuung aufopfere, Verzeihung meiner Sünden, die kräftige Gnade, in deinem göttlichen Dienste, in deiner Liebe und Furcht beständig zu verharren, und die ewige Seeligkeit zu erlangen, dich in alle Ewigkeit zu besitzen, lieben und loben, Amen.

Zu Ehren der heil. fünf Wunden Jesu Christi und zu Ehren seiner schmerzhaften Mutter

Maria unter dem Kreuze wollen wir jetzt beten: 5 Vater unser und Ave Maria.

Das erste Vater unser und Ave zu Ehren der hl. Wunde des linken Fußes Jesu Christi, um vollkommene Reue über alle unsere Sünden in unserer Sterbstunde zu erhalten.

Gebet.

O Jesus! unser Erlöser und Seligmacher, laß dein theures kostbares Blut, welches aus der heil. Wunde deines linken Fußes geflossen, an uns armen Sündern nicht verloren sein, sondern erweiche unsere harten Herzen durch dasselbe zu wahrer Buße, und gib uns jetzt, und besonders an unserm Ende und Sterbstünblein ein bemüthiges und zerknirschtes Herz, welches du, o Gott alles Trostes und Erbarmens! nicht verachtest. Siehe auch, barmherziger Jesus! die armen Seelen im Fegfeuer, und mit einem einzigen Tropfen deines hl. Blutes lösche aus ihre große Pein und Qual, welche sie leiden.

O allerbetrübteste Mutter Jesu! gedenke doch deiner und deines gebenedeiten Sohnes Schmerzen, und verlasse uns nicht an unserem Ende.

Das zweite Vater unser und Ave zu Ehren der hl. Wunde des rechten Fußes Jesu Christi, um Gnade u. Stärke wider alle Anfechtungen in unserer Sterbstunde zu erhalten.

Gebet.

O gütigster Jesu! nichts ist, was uns größere Furcht eines unglückseligen Todes verursacht, als unser unbeständiger Wille, welcher heute geneigt ist zum Guten, morgen aber zum Bösen. O barmherziger Jesus! mit dem Nagel, welcher deinen rechten Fuß durchstochen, hefte uns an dein hl. Kreuz, damit wir niemals durch einige Anfechtung von dir weichen; durch die hl. Wunde, durch das hl. Blut, welches herausgeflossen, verleihe uns, daß wir in deiner Gnade bis in den Tod standhaft verharren. Erinnere dich, sanftmüthigster Jesu! durch diese hl. Wunde auch der armen Seelen, welche durch dieselbe hoffen die Erlösung aus ihrem feurigen Kerker.

O Maria! Mutter der Barmherzigkeit, stehe uns bei im letzten Streit, Amen.

Das dritte Vaterunser und Ave zu Ehren der hl. Wunde der linken Hand Jesu Christi um Errettung unserer Seelen, auf daß sie beim letzten Gerichte nicht zur linken Hand gestellt werden.

Gebet.

O barmherziger Jesus! wie wird uns um das Herz sein, wenn wir in unserer Sterbestunde die Schuldbücher unserer Sünden vor Augen sehen werden? — Darum wenden wir uns bei Zeiten zu der heil. Wunde deiner linken Hand, und bitten demüthig durch diesen Nagel, durch diese heil. Wunde, durch diese Schmerzen und dein kostbares Blut, du wollest uns sämmtlich die Gnade verleihen, daß wir alsdann hören die liebliche Stimme: „Kommet, ihr Gebenedeiten." — Ach laß diese Stimme auch bald erschallen in dem Fegfeuer, damit vielen armen Seelen geholfen werde aus ihrer Pein.

O Mutter der Barmherzigkeit! wende alsdann deine barmherzigen Augen zu uns, wenn die unsern in Todesnöthen erbrechen werden. Amen.

— —

Das vierte Vater unser und Ave zu Ehren der hl. Wunde der rechten Hand Jesu Christi, daß er uns in der Sterbstunde verleihen wolle eine vollkommene Ergebung in den göttl. Willen.

Gebet.

O gekreuzigter Jesus! ich lebe und weiß nicht wie lang, ich sterbe und weiß nicht wann; ich reise und weiß nicht wohin; wie kommt es, daß ich nicht wachsam bin? — Was will ich für eine Entschuldigung vorbringen, wann Du mir deine hl. Wunden zeigen wirst, die ich alle Tage mit meinen Sünden erneuere? — Gütigster Jesus! einen einzigen Tropfen deines heiligsten Blutes wirst du uns, o Gott! nicht versagen, damit wir, als mit köstlichem Kleinode den Himmel mögen erkaufen. Diese Gnade zu erlangen, nehmen wir uns bei dieser heil. Wunde fest vor, fortan nie mehr zu sündigen. — O mildreichster Jesu! wie lang wirst du sehen können die Pein der armen Seelen im Fegfeuer, welche zu dir in den Himmel gehören. Heute laß ihnen zu gut kommen das kostbare Blut, welches aus dieser hl. Wunde geflossen ist.

O allerbetrübteste Mutter! in deinen gnadenreichen Schutz und Schirm befehlen wir heut und allezeit unser ganzes Leben, sammt dessen Ende und Sterbestunde.

- - - - -

Das fünfte Vater unser und Ave zu Ehren der hl. blutigen Seitenwunde Jesu Christi, um eine eifrige Liebe zu Ihm und seiner schmerzhaften Mutter in unserer Sterbstunde zu erhalten.

Gebet.

O barmherzigster Jesus! wir grüßen und verehren andächtig die Wunde deiner heil. Seite, und bitten dich demüthig, du wollest deine göttliche Liebe in unsern Herzen entzünden, damit wir dich allein über Alles lieben, und alle unordentliche Liebe der Creaturen aus unsern Herzen ausschließen und dich jederzeit darin wohnen lassen. In diese heil. Wunde befehlen wir dir Leib und Seele, unser Leben und Sterben, und alle armen Seelen im Fegfeuer, unsere abgestorbenen Brüder und Schwestern, daß du sie gnädig wollest erlösen, mit einem Blutstropfen deiner heil. Seite erquicken, auch sie zu dir in die ewige Freude und Glorie berufen, und dort durch ihre heil. Fürbitte uns eine selige Sterbestunde verleihen.

O allerbetrübteste Mutter! erlange uns diese große Gnade, daß dein lieber Sohn Jesus Christus bei unserm Scheiden unsere arme Seele aufnehme in die Wunde seiner allerheiligsten Seite. Amen.

Nach vollendetem Gebete wird die monatliche Bruderschaftsmesse verkündet, welche in der Regel am ersten Tage nach dem Konvente gelesen wird, um denjenigen Mitgliedern, welche bis zur nächsten Versammlung verscheiden, die Gnade einer glückseligen Sterbestunde zu erstehen. —

Hierauf werden die Namen der seit der letzten Versammlung verstorbenen Mitglieder verkündet und für dieselben ein Vater unser, Ave Maria und das folgende Gebet gebetet:

O Gott! du Verleiher der versöhnlichen Gnade und Liebhaber des menschlichen Geschlechtes, wir bitten deine Gütigkeit, daß du die Brüder und Schwestern, Freunde und Wohlthäter unserer Versammlung durch das Leiden und Sterben deines Sohnes, durch die Fürbitte der allerseligsten allzeit Jungfrau u. schmerzhaften Mutter Maria sammt allen Heiligen zu der Gemeinschaft der ewigen Seligkeit kommen lassest. Durch Christum unsern Herrn. Amen.

V. Herr, gib ihnen die ewige Ruhe!

R. Und das ewige Licht leuchte ihnen!

V. Von den Pforten der Hölle.
R. Errette, o Herr! ihre Seelen!
V. Und alle abgestorbenen gläubigen Seelen ruhen durch die Barmherzigkeit Gottes im Frieden.
R. Amen.

Der Priester verläßt die Kanzel, und wenn er am Altare angekommen ist, singt das Volk unter Orgelbegleitung das Segenslied.

Heilig, heilig, heilig!
Heilig, allzeit heilig!
Jesus, heilig ohne End!
In dem heil'gen Sakrament!

Nach Beendigung des Liedes wird der hl. Segen ertheilt und hiemit die Andacht geschlossen.

Staffel-Gebet,

von dem Leiden Christi, was die Brüder und Schwestern dieser Versammlung zu Hause beten mögen, wenn sie dem gewöhnlichen Konvent nicht beiwohnen können.

O du süßester Jesus! der du in dem Garten betrübt zu deinem Vater gebetet, und in Todesangst versetzt, blutigen Schweiß vergossen hast, verschone uns.

V. Erbarme dich unser, o Herr! erbarme dich unser!

O du süßester Jesus! der du durch den Kuß deines treulosen Jüngers Judas in die Hände der Gottlosen bist übergeben, als ein Mörder gefangen, gebunden, und von deinen Jüngern verlassen worden, verschone uns.

R. Erbarme dich unser, o Herr! erbarme dich unser.

O du süßester Jesus! der du von dem ungerechten jüdischen Rath des Todes schuldig ausgerufen, Pilato als ein Uebelthäter vorgestellet und von dem gottlosen Herodes bist verachtet und verspottet worden, verschone uns.

V. Erbarme dich unser, o Herr! erbarme dich unser.

O du süßester Jesus! der du deiner Kleider beraubet, an der Säule aufs grausamste gegeißelt worden, verschone uns.

R. Erbarme dich unser, o Herr! erbarme dich unser.

O du süßester Jesus! der du mit Dornen gekrönet, mit Backenstreichen geschlagen, mit dem Purpurmantel angethan, vielfältig verlacht und mit Schmachworten bist belegt worden, verschone uns.

V. Erbarme dich unser, o Herr! erbarme dich unser.

O du süßester Jesus! der du dem

verschrieenen Mörder Barrabas nachgesetzt, von den Juden verworfen, und zu dem Kreuzestode ungerecht bist verdammt worden, verschone uns.

R. Erbarme dich unser, o Herr! erbarme dich unser!

O du süßester Jesus! der du mit dem schweren Kreuzesholz also beladen, daß deine heilige Achsel empfindlichst verletzt, zu der Schädelstätte, wie ein unschuldiges Schäflein auf die Schlachtbank, bist geführt worden, verschone uns.

V. Erbarme dich unser, o Herr! erbarme dich unser.

O du süßester Jesus! der bu zwischen zwei Mördern gekreuzigt, gelästret, mit Galle und Essig getränket, und mit erschrecklichen Schmerzen von der sechsten bis zur neunten Stunde an dem Kreuze bist gequälet worden, verschone uns.

R. Erbarme dich unser, o Herr! erbarme dich unser.

O du süßester Jesus! der du an dem Kreuze gestorben, deine heil. Seite in Gegenwart deiner schmerzhaften Mutter mit dem Speere geöffnet, daß Blut und Wasser zugleich heraus geflossen, verschone uns.

V. Erbarme dich unser, o Herr! erbarme dich unser.

O du süßester Jesus! der du von dem Kreuze herabgenommen, mit den bittersten Zähren deiner jungfräulichen Mutter bist übergossen worden, verschone uns.

R. Erbarme dich unser, o Herr! erbarme dich unser.

O du süßester Jesus! der du mit fünf Wunden gezeichnet, und mit Spezereien gesalbt in das Grab bist gelegt worden, verschone uns.

V. Erbarme dich unser, o Herr! erbarme dich unser.

R. Er hat wahrhaftig unsere Schwachheiten gelitten.

K. Und unsere Schmerzen hat er auf sich genommen.

Gebet.

O Gott! der du die Welt zu erlösen hast wollen geboren, beschnitten, von den Juden verworfen, von Judas mit einem Kuß verrathen, mit Strick und Ketten gebunden, wie ein unschuldiges Lamm auf die Schlachtbank geführt, vor Annas, Caiphas, Pilatus und Herodes gestellt, von falschen Zeugen angeklagt, mit Backenstreichen und Geißeln geschlagen, mit Schmach und Lästerungen angetastet, mit Dornen gekrönt, mit verbundenen Augen und schimpflichem Moosrohr verspottet, mit Nägeln an das Kreuz geheftet, mit Mördern gekreuzigt, mit Essig und Galle getränket, endlich nach dem Tode mit dem Speer an deiner heil. Seite hast wollen verwundet werden: Erledige uns, o Herr! durch diese heiligste Pein und schmerzlichsten Tod von den Peinen der Hölle, und führe uns dahin, wo du den mit dir gekreuzigten rechten Schächer geführet hast. Der du mit dem Vater und heil. Geist lebst und regierst von Ewigkeit zu Ewigkeit. Amen.

Litanei,

welche alle Freitage nach der gewöhnlichen Bruderschafts- oder Seelenmesse für die kranken Mitbrüder und Schwestern von dem Priester laut vorgebetet wird.

Herr, erbarme dich unser.
 Christus, erbarme dich unser.
Herr, erbarme dich unser.
 Christus, höre uns.
 Christus, erhöre uns.
Gott Vater vom Himmel,
Gott Sohn, Erlöser der Welt,
Gott heil. Geist } Erbarme dich unser!
Heil. Dreifaltigkeit, ein einiger Gott,
Heil. Maria, bitt für uns.
Heil. Michael, bitt für uns.
Alle hl. Engel und Erzengel, bittet für uns.
Heil. Abel, bitt für uns.
Alle Chöre der Gerechten, bittet für uns.
Heil. Abraham, bitt für uns.
Heil. Johannes der Täufer, bitt für uns.
Heil. Joseph, bitt für uns.
Alle heiligen Patriarchen und Propheten,
 bittet für uns.

Heil. Petrus, bitt für uns.
Heil. Paulus, bitt für uns.
Heil. Andreas, bitt für uns.
Heil. Johannes Evangelist, bitt für uns.
Alle Heil. Apostel und Evangelisten, bittet für uns.
Alle hl. Jünger des Herrn, bittet für uns.
Heil. Stephanus, bitt für uns.
Heil. Laurentius, bitt für uns.
Alle heil. Martyrer, bittet für uns.
Heil. Sylvester, bitt für uns.
Heil. Gregorius, bitt für uns.
Heil. Augustinus, bitt für uns.
Alle Heiligen Bischöfe und Bekenner, bittet für uns.
Heil. Benediktus, bitt für uns.
Heil. Ignatius, bitt für uns.
Heil. Franziskus Xaverius, bitt für uns.
Alle heiligen Mönche und Einsiedler, bittet für uns.
Heil. Maria Magdalena, bitt für uns.
Heil. Barbara, bitt für uns.
Alle heiligen Jungfrauen und Wittfrauen, bittet für uns.
Alle Heiligen und Auserwählte Gottes, bittet für uns.
Sei uns gnädig, verschone uns, o Herr!
Sei uns gnädig, erhöre uns, o Herr.
Von deinem Zorne, erlöse uns, o Herr.

Von der Gefahr des Todes,
Von dem bösen Tode,
Von der Pein der Hölle,
Von allem Uebel,
Von der Gewalt des höllischen Geistes,
Durch deine Geburt,
Durch dein Kreuz und Leiden,
Durch deinen Tod und Begräbniß,
Durch deine glorreiche Auferstehung,
Durch deine wunderbare Himmelfahrt,
Durch die Gnade des heiligen Geistes, des Trösters,
Am Tage des Gerichtes,

Wir armen Sünder, wir bitten dich, erhöre uns.

Daß du uns verschonest,
Daß du dich unser in der Todesangst erbarmest,
Daß du uns in der Stunde unseres Absterbens durch deine heil. Wunden beschützen wollest,
Daß wir an unserm Ende die Fürbitte deiner werthesten Mutter genießen mögen,
Daß du unsere armen Seelen bei ihrem Scheiden von dem Leibe in deine allerheiligsten Hände aufnehmen und deinem Vater gütig vorstellen wollest,
Daß du unsern Mitbrüdern und Mit-

schwestern, mit deiner Stärke, Gnade und Trost beistehen wollest,
Daß du allen Abgestorbenen aus dieser Bruderschaft die ewige Freude verleihen wollest,
O gekreuzigter, in der Todesangst verlassener und mit geneigtem Haupte sterbender Jesus,

O du Lamm Gottes, welches du hinnimmst die Sünde der Welt, verschone uns, o Herr.
O du Lamm Gottes, welches du hinnimmst die Sünde der Welt, erhöre uns, o Herr.
O du Lamm Gottes, welches du hinnimmst die Sünde der Welt, erbarme dich unser, o Herr.

Christus, höre uns.
Christus, erhöre uns.
Herr, erbarme dich unser.
Christus, erbarme dich unser.
Herr, erbarme dich unser.

Vater unser, Ave Maria.

Gebet.

Herr Jesus Christus, du Liebe meines Herzens! durch deine allerheiligsten Wunden, welche dir die Liebe gegen uns verursacht haben, komm zu Hilfe deinen Dienern, welche du mit deinem kostbaren Blut erlöset hast.

O gekreuzigter Jesus! du Hilfe und Trost aller Gläubigen, wir bitten demüthig durch die Pein und Marter deines angstvollen bittern Leidens, du wollest unser Gebet erhören, und deinen Dienern und Dienerinnen, sofern es dir gefällig, ihre Gesundheit gnädig verleihen, damit sie dich in deiner wahren Kirche zugleich mit uns wiederum loben und preisen mögen.

Wir bitten dich auch durch deine unendliche Güte, du wollest sie mit deiner Gnade stärken, auf daß in der Stunde ihres Todes wider sie der Feind nichts vermöge, sondern sie verdienen von den Engeln zum ewigen Leben übertragen zu werden.

O Gott! du Schöpfer und Erlöser aller Gläubigen! verleihe den Seelen deiner Diener und Dienerinnen Verzeihung aller ihrer Sünden, auf daß sie die Nachlassung, welche sie allezeit gewünscht, durch gottselige Fürbitte erlangen.

Wir bitten dich, Herr Jesus Christus! daß für uns bei deiner Güte jetzt und in der Stunde unsers Absterbens bittend einstehen wolle die allerseligste Jungfrau Maria, deine und unsere schmerzhafte Mutter, deren heiligste Seele in der Stunde deines Leidens das Schwert des Schmerzes durchdrungen hat, durch dich, Jesus Christus, Erlöser der Welt! der du mit dem Vater und dem hl. Geiste lebst und regierst von Ewigkeit zu Ewigkeit, Amen.

Christliche
Tugend-Uebungen,
zu einem heiligen Tode öfters des Monats
hindurch zu erwecken.

Allmächtiger, ewiger Gott! Ich erkenne dich durch den Glauben, und aus dem Abgrund meiner Nichtigkeit bete ich dich an, mein Gott, einfach in der Wesenheit, dreifaltig in den Personen, Vater, Sohn und heil. Geist. Mein Gott und Alles! ich liebe, danke und verehre dich als meinen Erschaffer, Erlöser und Heiligmacher, als meinen höchsten Herrn und Guttthäter.

Ich bete dich an, als meinen ersten Anfang. Ich verlange nach dir, als meinem übernatürlichen Ziele. Ich danke dir, als meinem steten Gutthäter: und rufe dich an, als meinen mächtigsten Beschützer und gütigsten Vater.

Ich glaube an dich, o ewige Wahrheit! und Alles, was du in der katholischen Kirche geoffenbaret hast: in diesem Glauben will ich leben und sterben.

Ich hoffe auf dich, und von dir, o getreueste, allmächtige Gütigkeit! Verzeihung meiner Sünden, die nothwendigen Gnaden und die ewige Seligkeit; setze meine ganze Hoffnung und Vertrauen auf die Barmherzigkeit Gottes und Verdienste meines Erlösers.

Ich liebe dich, o göttliche Güte, und unendliches Gut! verlange dich mit allen Heiligen mehr und mehr zu lieben und zu verehren. Und eben darum ist mir von Herzen leid, daß ich dich, meinen gütigsten

Gott, beleidigt habe: ich opfere dir auf den kräftigsten Vorsatz, mich ernstlich zu bessern, genug zu thun und in deiner Liebe, Dienst und Verehrung beständig zu verharren.

Ich opfere dir auf meine Seele und Leib mit ihren Kräften und Wirkungen und Alles mein Thun und Leiden, mein Leben und Tod, vereiniget mit dem Leben, Tod und Verdiensten Christi in seiner Meinung. Alles zu deiner Ehre und Wohlgefallen, zur Danksagung für alle Gutthaten, zur Genugthuung für alle Sünden, zur Erhaltung aller Gnaden, absonderlich der seligmachenden Beharrlichkeit.

Ich übergebe mich, o Herr! gänzlich deiner göttlichen Vorsehung; unterwerfe mich deiner gerechtesten Anordnung, bereitwillig Alles nach deinem heiligsten Willen zu wirken und zu leiden, zu leben und zu sterben. Verlasse auch gern und opfere auf mit Christo alles Zeitliche, um Leib und Leben deiner göttlichen Hoheit und Obergewalt zu huldigen, deiner Gerechtigkeit mich zu unterwerfen und genug zu thun, deinen Willen vollkommen zu erfüllen, meine Gegenliebe und Dankbarkeit gegen meinen für mich sterbenden Heiland zu erweisen; wie auch meinem Gott dadurch zu bezeugen, daß ich ihn über alles liebe, und eben darum eifrigst den Tod verlange, damit ich ihn nicht mehr in diesem Leben beleidige, sondern in der Ewigkeit durch eine vollständige Liebe beständig besitze.

Daher übergebe ich mich, meine Seele, Gott, meinem Herrn; den Leib der Erde, alles Zeitliche der göttlichen Anordnung. Verzeihe aus Liebe Gottes allen meinen Feinden und verlange alle andern christlichen Schuldigkeiten nach dem Willen Gottes zu erfüllen. Sage ab der

Welt, dem Fleische der Hölle und allen Sünden, um dir, meinem Gotte, allein zu leben und zu sterben.

Ich empfehle mich in die Fürbitte und Schutz Mariä, der schmerzhaften Mutter der Barmherzigkeit, des hl. Schutzengels, des hl. Joseph und aller Heiligen, bittend, sie wollen mir im Leben und Tode beistehen, die kräftigen Gnaden und glückseligen Tod erbitten.

O mein Gott! ich verlange aufgelöset zu werden, dich als mein letztes Ziel und Ende zu erlangen, und durch die vollkommenste Liebe und Vereinigung, dich, mein höchstes Gut! in alle Ewigkeit zu besitzen. Verlange auch von Herzen des in dem Tode verliehenen Ablasses mich theilhaftig zu machen; daher ich mit reumüthigem Herzen schon jetzt für jene Stunde spreche: Jesus, Maria, Joseph! stehet mir bei, im Leben und Tod. O Jesus!

in dein göttliches Herz und deine heiligen Wunden befehle ich mein Leben und Tod, und mit meinem sterbenden Heilande befehle ich dir, o himmlischer Vater, in deine Hände meinen Geist. Amen.

Etliche kurze Gebete,

unter Tags nützlich zu gebrauchen, um Erlangung eines glückseligen Todes.

Erbarme dich meiner, o Gott! erbarme dich meiner, denn auf dich hat meine Seele gehoffet!

Vor dem bösen Tode bewahre mich, o Herr!

Auf dich habe ich gehofft, mein Gott! ich werde ewiglich nicht zu Schanden werden!

Zwischen den Armen meines Erlösers verlange ich zu leben und zu sterben!

O du gütigster Jesus! sei mir allzeit mein Jesus, jetzt und in der Stunde meines Todes!

Ich bitte dich, o gekreuzigter Jesus! durch deine Wunden, welche dir die Liebe gegen mich gemacht, du wollest selig machen meine arme Seele, welche du mit deinem kostbaren Blut erlöset.

Die Seele Christi heilige mich,
Der Leib Christi mache selig mich,
Das Blut Christi tränke mich,
Das Wasser der Seite Christi wasche mich,
Das Leiden Christi stärke mich.
O gütigster Jesus! erhöre mich,
In deine Wunden verbirg mich,
Von dir laß nimmer scheiden mich,
Vor'm bösen Feind beschirme mich,
In meiner Todesstunde berufe mich,
Mit deinen Engeln zu loben dich,
Von Ewigkeit zu Ewigkeit, Amen.

Heilige Jungfrau Maria und Mutter Gottes! gedenke meiner jetzt und in der Stunde meines Absterbens, Amen.

Andächtige Gebete
um ein glückseliges Ende.

Gebet des heiligen Dionysius Areopagita zu Jesus.

Allersüßester Herr Jesus Christus, du Glanz der väterlichen Glorie, du Sonne der Gerechtigkeit, der du auf dem Kalvarienberge deine Seele zur Erlösung der Welt hast dargegeben, und dem Vater im Gebet anbefohlen: verleihe mir, daß ich sowohl den Schmerzen als die Liebe dieses allerbittersten Todes stets im Herzen trage, und durch Abtödtung aller Laster mich täglich übe mit dir zu sterben, auf daß, wenn meines Lebens Ende herannaht, ich im Lichte deiner Erbarmungen zu erwachen verdiene, und mit dir glücklich eingehe in die Freuden des Paradieses.

Komm mir zu Hilfe im Todeskampfe; komm mir entgegen in meinen Begierden; beschütze mich vor den Feinden; rette mich aus der Trübsal; tröste meine Seufzer; stärke mein Zittern; erquicke meine Ermattung; nimm mich auf, wenn ich verscheide; dein letztes Wort am Kreuze sei mein letztes Wort in diesem Leben; und wenn ich nicht mehr reden kann, dann höre meine letzte Begierde: „Vater! in deine Hände befehle ich meinen Geist! Herr, du Gott der Wahrheit, hast mich erlöset! Amen."

Zu Maria.

Maria! Mutter der Barmherzigkeit, glückselige Himmelspforte! ich bitte dich durch jenes Schwert des Schmerzens, welches dein jungfräuliches Herz durchstochen, da du beinen göttlichen Sohn für mein Heil sterben gesehen, erbarme dich meiner und aller dieser Bruderschaft einverleibten Mitglieder in der letzten Stunde und lasse nicht zu, du einzige Zuflucht der Sünder, daß man jemals von dir, Maria! sagen könne, du habest eine Seele in ihrer äußersten Noth verlassen; sondern würdige dich, in jener Stunde deine liebreichen Augen auf mich und uns Alle zu werfen, welche du immerdar gegen deinen geliebten Sohn in seiner letzten Todesnoth gewendet!

Maria! Mutter der Gnaden, Mutter der Barmherzigkeit, beschütze uns vor dem höllischen Feinde und nimm uns auf in der Stunde unseres Absterbens, Amen.

Zu dem heil. Joseph.

O heil. Joseph, getreuer Nährvater Jesu! jungfräulicher Gespons Mariä, der reinsten Gebärerin

Gottes, du auserwählter Patron der Sterbenden! erinnere dich, daß du vor andern Menschenkindern des allerschönsten Todes gestorben: erlange mir und allen dieser Bruderschaft Einverleibten die Gnade, gleichfalls eines guten Todes zu sterben, nämlich im Beisein Jesu und Mariä, damit wir uns sämmtlich mit dir, in ihrer Gesellschaft im Himmel ewig erfreuen mögen. Amen.

Zu den heil. Engeln.

O glorreicher heiliger Erzengel Michael, mächtiger Beschützer der Sterbenden! und du besonders, mein liebster, getreuester hl. Schutzengel, dem ich von Kindheit an mit Leib und Seele von Gott bin anvertraut worden! wie auch ihr alle übrigen heil. Engel, himmlische Geister! ich bitte euch, stehet meiner armen Seele bei in ihrem letzten

Todeskampfe: beschützet mich und alle dieser Bruderschaft Einverleibten vor teuflischem Betrug und Nachstellungen des höllischen Drachens, wider welchen ihr einst so heldenmüthig gekämpft, und ihn so glorreich überwunden habt; damit wir bewaffnet mit dem Schild des Glaubens, der Hoffnung und der Liebe all seine schalkhaften Pfeile zernichten, gleichfalls überwinden, und also triumphirend in das Himmelreich mögen einziehen, Gott von Angesicht zu Angesicht mit euch anzuschauen und zu loben in Ewigkeit. Amen.

Zu der heil. Barbara.

Heil. Jungfrau Barbara, glorwürdiges Opfer des Glaubens! die du denen, so dich anrufen, die Gnade erflehest, nicht aus dieser Welt zu scheiden, ohne die heiligen Sakramente; ich bitte dich, du wollest mir und allen dieser Bruderschaft Einverleibten gleiche Gnade erwerben und im letzten Streit beistehen, damit wir, mit allen hl. Sakramenten versehen, aus diesem Jammerthale zu Christo, unserm liebsten Erlöser, glücklich gelangen mögen. Amen.

Zu allen Heiligen.

O ihr auserwählten Heiligen Gottes! besonders ihr, meine hl. Patronen, welche ich mir auserloren; alle Heiligen, welche der grundgütige Gott durch einen guten Tod mit der immerwährenden Glorie und ewigen Freude begabet hat; alle Heiligen meines Namens und meines Vaterlandes, auch alle meine monatlichen Patrone, alle Heiligen desjenigen Tages, da ich auf dieser Welt bin geboren worden, alle Heiligen desjenigen Tages, da ich wiederum von dieser Welt werde abscheiden, alle Heiligen Gottes, insbesondere du, o Maria! Königin aller Heiligen und Mutter der Sterbenden! bittet für mich und alle dieser Bruderschaft Einverleibten, erwerbet mir und ihnen von meinem gekreuzigten Jesus einen guten Tod und glückselige Ewigkeit. Amen.